COLLECTION D'ANCIENS CHANSONNIERS FRANÇAIS

Publiée sous la direction du baron JAMES DE ROTHSCHILD.

NOELZ

DE

JEHAN CHAPERON,

dit le Lassé de repos,

PUBLIÉS

D'APRÈS L'EXEMPLAIRE UNIQUE DE LA BIBLIOTHÈQUE
DE WOLFENBÜTTEL,

PAR ÉMILE PICOT.

A PARIS,
CHEZ DAMASCÈNE MORGAND ET CHARLES FATOUT
PASSAGE DES PANORAMAS, 55.

1879.

COLLECTION

D'ANCIENS

CHANSONNIERS FRANÇAIS

PUBLIÉE SOUS LA DIRECTION

DU BARON JAMES DE ROTHSCHILD.

NOELZ DE JEHAN CHAPERON.

NOELZ

DE

JEHAN CHAPERON,

dit le Lassé de repos,

PUBLIÉS

D'APRÈS L'EXEMPLAIRE UNIQUE DE LA BIBLIOTHÈQUE
DE WOLFENBÜTTEL,

PAR ÉMILE PICOT.

A PARIS,
CHEZ DAMASCÈNE MORGAND ET CHARLES FATOUT,
PASSAGE DES PANORAMAS, 55.

1878.

AVERTISSEMENT

Nous publions aujourd'hui le premier volume d'une Collection d'anciens chansonniers français, destinée à préserver de la destruction un grand nombre de petits recueils qui n'existent plus guère qu'à l'état d'exemplaires uniques dans les bibliothèques publiques ou privées.

Nous avons choisi, à titre de spécimen, les *Noelz* de Jehan Chaperon, qui n'ont été cités jusqu'ici par aucun bibliographe ; de l'accueil qui leur sera fait par les amis de notre ancienne littérature dépendra la publication d'une série d'autres chansonniers, appartenant au xve et au xvie siècle. Nos recherches nous ont permis de découvrir un certain nombre de précieux livrets dont le *Manuel du Libraire* se borne à indiquer les titres et qui même la plupart du temps n'ont pas été connus de M. Brunet. Ces recueils sont intéressants à plusieurs points de vue. Indépendamment des cantiques pieux et des chansons amoureuses, on y rencontre un assez grand nombre de chants historiques qui ont échappé à M. Le Roux de Lincy, des pièces relatives à des événements locaux survenus à Paris ou dans les provinces, à des corporations ou à des corps de métiers. Nous pensons qu'il ne sera pas indifférent aux érudits et aux curieux de connaître sur des sujets aussi variés l'expression véritable du sentiment populaire.

J. DE R.

AVANT-PROPOS.

Nous ne possédons pas de détails biographiques sur Jehan Chaperon, dit le Lassé de Repos; l'étude de ses ouvrages permet de penser qu'il était Parisien ou tout au moins qu'il habitait Paris, mais ne nous fournit aucun autre renseignement [1]. Notre

---

[1]. Selon la remarque de MM. de Montaiglon et de Rothschild (*Recueil de Poésies franç.*, XIII, 418), il y eut à Rouen plusieurs poëtes du nom de Chaperon : Louis Chaperon, couronné aux Palinods en 1486 et 1487 (Ballin, *Notice sur les Palinods;* Rouen, 1834, in-8); — Arnould Chaperon, auteur d'un chant royal présenté aux Palinods au commencement du xvie siècle (Biblioth. nat., mss. franç., n° 2206, fol. 230; *Palinodz, Chantz royaulx, Ballades, Rondeaux et Epigrammes a l'honneur de l'immaculée conception de la toute belle mère de Dieu;* Paris, a l'enseigne de l'Elephant, s. d., in-8 goth., fol. 74 *a*), et qui paraît se confondre avec le Chapperon, dont un ms. de la Biblioth. Bodléienne nous a conservé deux pièces composées pour les Palinods de 1511 (Ms. Douce 379, fol. 14 *a*, 86 *b*); — frère Chaperon, jacobin, qui présenta diverses pièces au Puy des Pauvres, en 1554 (Sireulde, *Thresor immortel trouvé et tiré de l'Escriture saincte;* Rouen, Martin le Megissier, 1556, pet. in-8, fol. 33 *a*, 54 *b*, 56 *a*). Rien ne prouve que ces personnages fussent parents de notre Chaperon.

auteur n'appartint pas au petit groupe des poëtes qui jouirent des faveurs de la Cour et exercèrent une influence sensible sur la littérature de leur temps; ce fut sans doute un écrivain besogneux, qui rima pour le peuple et sous une forme triviale, tantôt des complaintes sur les héroïnes du Champ-Gaillard, tantôt des cantiques pieux ou des chants de victoire. Nous trouvons dans ses œuvres les véritables refrains de la rue. Ce caractère populaire donne aux productions de Chaperon un certain intérêt, en même temps qu'il explique leur extrême rareté. Voici la liste de celles qui nous sont connues; nous plaçons les *Noëlz* à leur date, sous le n° III.

I

¶ Les grans re || gretz et cõplainte || de ma damoy-sel- || le du pallais. — [A la fin :] Tout par soullas. S. *l. n. d.* [*Paris?*, 1536?], pet. in-8 goth. de 4 ff. de 25 lignes à la page, sans chiffres, réclames ni signature.

    L'édition n'est ornée d'aucun bois. Le texte commence au v° du f. de titre, lequel est resté à moitié blanc.

    Biblioth. nat., Y. 4457 A (11), Rés.

    Cette pièce a été reproduite en 1842, par les soins de M. A.

Veinant, dans la *Collection de Poésies, Romans et Chroniques* de Silvestre (n° 17), et, en 1877, par MM. de Montaiglon et de Rothschild, dans leur *Recueil de Poésies françoises*, XIII, 414-425.

II

Le Dieu || gard de Marot a || son retour de Ferrare en France A || uecques la triũphe des trioletz ou || est comprins les neuf preuses, Les || deuis de deux amans & plusieurs || ballades Rõdeaux espitres, dizains || huictains & quatrains ensemble la || chanson de hesdim composez pa [sic] || Iehan Chapperon dit le lasse || de Repos. || ❡ *On les vent a Paris a la rue* || *neufue nostre dame a lanseigne* || *Sàinct Nicolàs.* S. d. [vers 1537], in-16 de 32 ff. non chiff. de 21 lignes à la page, impr. en jolies lettres rondes, sign. A-D par 8.

Le titre est entouré d'un élégant encadrement. L'adresse est celle du libraire *Pierre Sergent*.

Biblioth. nat., Y. 4496 (recueil) — Exempl. incomplet du dernier f.

Ce volume contient les pièces suivantes :

1° (fol. Ai *b*). **Le Dieu Gard de Marot a la Court.**

>Viéne la Mort quant bon luy semblera;
>Moins que jamais mon cueur en tremblera...
>   **Voy. Marot, éd. Jannet, I, 238.**

2º (fol. Aiij *b*). *Huictain du Lassé de repos disant Dieu gard audit Clement Marot.*

> Ung doulz Dieu gard Clement si nous donna
> A son retour, ainsi que home tressage...

3º (fol. Aiiij *a*). *La Triumphe des Trioletz, ou est compris les Neuf preuses et vertueuses Femmes, le Devis de deulx amans, avec plusieurs ballades, rondeaux, epistres, disains, huictains et quatrains, ensemble la Chanson de Hedin; composez par Jehan Chapperon, dit le Lassé de repos :*

a. A ung sien amy, a qui le Lassé de repos presente ce livre pour son lendit.

b. Les Neuf Preuses (Semiramis, Menelape, Amasonne, Lampheton, Creüsa, Panthasillée, Hipolite, Deiphile, Talestra).

c. Les Devis des deux Amantz par seize trioletz.

d. Plusieurs (34) Trioletz a tous propos.

e. Aux benins Lecteurs J. Ch., dit le Lassé de repos, donne salut.

f. Rondeau d'une dame que le Lassé de repos vit sur une lingiére, luy estant en son estude, composant la presente Triumphe des Trioletz.

g. Balade sur la delivrance du genre humain.

h. Balade du temps present.

A Nicolle Le Févre, a qui le Lassé de repos donna le jour de l'an en bonne estraine unnes heures, laquelle le pria d'aprendre a dancer.

j. A noble et scientifficque seigneur Eustache Picard, secretaire du roy, nostre sire, a present eschevin de Paris et seigneur de Mauguichet, le Lassé de repos estant a Balleau envoya ce bref.

k. Epistre a ung sien amy estant a Potiers, qui luy avoit escript.

l. Fentasie dudit Lassé de repos. Envoyé a scientifficque parsonne maistre Christophe de Belin, maistre et administrateur de l'Hostel Dieu de Gonnesse.

m. Rondeau d'aucuns compaignons qui furent desbochez de dessur leur maistre.

n. Rondeau en maniére d'oraison a Dieu le Pére, priant pour ung amy malade.

o. Rondeau de deux compaignons qui furent prins au boys des Briéres avecq deux triumpheuses.

p. Huictain dudit Lassé de repos envoyé en une sienne amye, luy estant devant Hesdin.

q. Huictain a celle mesme, luy envoyant ledit bracelet par loppins, pource qu'elle avoit faict nouveau amy a son absence.

r. Disain a un sien amy.

s. Huictain contre folles femmes.

t. Quatrain a un sien amy, le voulant retirer d'amours.

u. Autre Quatrain a une dame qui[1] l'avoit blasmé de ce quatrain premier.

v. Huictain a quelque sien amy, l'advertissant de l'astuce de la dame qu'il poursuyvoit par amours.

w. Huictain de honneste et familiére compaignie.

x. Huictain sur deux motz qu'une dame luy dit que le masculin se met avec le feminin.

---

1 *Impr.* qu'il.

y. Disain du Landit donné a une sienne amye.

ʒ Huictain a maistre Arthus Barthier, son trescher amy, qui estoit retourné de court.

aa La Chanson de Hesdin sur le chant de : *Marseille la jolie.*

> Hedin fut assaillie
> Par le roy des Françoys,
> Devant Pasques fleurie,
> En merveilleux arroys...

Cette chanson se rapporte à la prise d'Hesdin à la fin du mois de mars 1537 [1] et non à celle de 1521. Le volume de la Bibliothèque nationale, incomplet du dernier f., ne nous a conservé que les cinq premiers vers de la pièce, mais on en trouve le texte complet dans le recueil intitulé : *Plusieurs belles Chansons nouvelles* (Paris, Alain Lotrian, 1542, pet. in-8° goth., n° 37 ; p. 66 de la réimpression donnée par M. Percheron chez J. Gay et fils à Genève, en 1867) et dans les *Chansons nouvellement composées sur plusieurs chants, tant de musique que rustique* (Paris, Jehan Bonfons, 1548, pet. in-8 goth., n° 53, fol. K 5 *a* de la réimpression publiée par M. Baillieu, à Paris en 1869). Le dernier couplet de la chanson est ainsi conçu :

> Un compagnon de France
> La chanson composa,
> Que [2] au lict de souffrance
> Fortune disposa [3] ;
> Chaperon [4] se nomma,
> Des malheureux l'esclave,

---

1. Voy. les *Mémoires* de Du Bellay, ap. Petitot, *Collection complète des Mémoires relatifs à l'histoire de France*, 1ʳᵉ sér., XIX, 207.
2. Bonfons : Qui. — 3. Bonfons : desposa.
4. Lotrian : Chappereau.

Qui du camp retourna
En estat non trop brave.

Ces mots donnent à penser qu'en 1537, c'est-à-dire l'année qui précéda la publication de ses noëls, Chaperon faisait partie de quelque troupe d'aventuriers.

III

Sensuyt Plu-||sieurs Noelz nouueaulx de Ceste || presente annee Mil cinq cens XXXVIII. Sur || plusieurs chansons nouuelles: Composez || par le lasse de Repos. || ℭ Et premierement. || ℭ *On les vend a Paris en la rue neufue* || *nostre dame a lenseigne sainct Nicolas.* — [A la fin:] ℭ Ainsi soit il de nous || Amen || Tout par soulas. Pet. in-8 goth. de 12 ff. non chiffr. de 26 lignes à la page pleine, sign. A-C par 4.

Au titre, un petit bois de la Fuite en Égypte, entouré de bordures. Le même bois et les mêmes encadrements se retrouvent au verso.

L'adresse est celle du libraire *Pierre Sergent*.

Biblioth. ducale de Wolfenbüttel, B. 798, dans un volume contenant quatre autres recueils de *Noelz*, qui ont dû paraître en même temps chez *P. Sergent*.

IV

Le Chemin || de long estude || de dame Cristine || de Pise. || Ou est descrit le debat esmeu au || parlement de Raison, pour l'e-|| lection du Prince digne de gou- || uerner le monde. Traduit de || langue Romanne en prose Fran- || çoyse, par Ian Chaperon, dit || lassé de Repos. || Tout par soulas. || Auec Privilege. || *A Paris* || *De l'imprimerie d'Estienne Groulleau, de-* || *mourant en la Rue Neuue nostre Dame à* || *l'enseigne saint Ian Baptiste.* || 1549. In-16 de 140 ff. non chiffr. de 22 lignes à la page pleine (non compris le titre courant), impr. en jolies lettres rondes, sign. A-R par 8, S par 4.

Au v° du titre, se trouve un *Extrait* du privilége accordé pour six ans à *Estienne Groulleau,* « marchand libraire et imprimeur à Paris », à la date du 27 mars 1547.

Les 3 ff. suivants sont occupés par une épître en vers « A treshonorée damoyselle Nicole Bataille » et par un avis *Au* [*x*] *Lecteurs*.

Au v° du dernier f., la marque de *Groulleau,* représentant un vase rempli de chardons, sur les côtés duquel sont placées ces deux devises : *Patere, aut abstine; Nul ne s'y frote.*

Biblioth. nat., Y². 728, Rés.

La version de Chaperon a été reproduite, en 1787, par Mlle de Kéralio dans la *Collection des meilleurs ouvrages français composés par des femmes,* II, 297-415.

Du Verdier[1] attribue en outre à Jehan Chaperon une traduction du *Cortegiano* de Balthasar Castiglione qui parut pour la première fois à Paris chez *Vincent Sertenas* et *Jehan Longis* en 1537, mais cette attribution repose sur une erreur. La version française du *Cortegiano,* qui eut au moins quatre éditions de 1537 à 1549, est l'œuvre de Jacques Colin d'Auxerre, dont les initiales sont d'ailleurs les mêmes que celles de Chaperon[2].

Notre auteur n'était pas un savant capable de traduire un livre italien; tout son talent consistait à composer quelques couplets dénués de prétentions académiques.

Les noëls en général se recommandent plutôt par la naïveté de l'expression que par l'élégance du style; ils n'en méritent pas moins de fixer l'attention de ceux qui s'intéressent aux vieux chansonniers. On peut y trouver bien des détails curieux, surtout si l'on étudie, comme nous nous proposons de le faire, les « timbres » des chansons. On verra par exemple que Jehan Chaperon débute par le remaniement d'une pièce bien connue de Marot et

---

1. *Bibliothèque françoise,* 671; éd. de 1773, II, 380.
2. Voyez Brunet, I, 1630.

l'on en pourra conclure qu'en 1538 la chanson : *Vous perdez temps*, était dans toutes les mémoires.

Plusieurs bibliophiles ont compris l'intérêt qu'offrent ces poésies en apparence grossières. Sans parler des noëls disséminés dans les recueils de chants populaires, M. de Clinchamp a fait paraître ceux de Nicolas Denisot [1]; M. le baron Pichon a réédité ceux de Lucas le Moigne [2]; M. Chardon nous a donné ceux de Jehan Daniel [3] et de Samson Bedouin [4]; M. Lemeignen a réuni en trois volumes

---

1. Noelz par le comte d'Alsinoys (Nic. Denisot). Autres Noelz sur les chants de plusieurs belles chansons. *On les vend au Mans, chez A. Lanier*, 1847. Pet. in-8, tiré à 50 exemplaires.

2. Noëls de Lucas le Moigne, curé de Saint-Georges du Puy-la-Garde, en Poitou, publiés sur l'édition gothique par la Société des Bibliophiles françois : on y a joint les noëls composés (vers 1524) par les prisonniers de la Conciergerie et deux aguillanneufs tirés du recueil des noëls du Plat d'Argent. *Paris, imprimerie de Lahure*, 1860. In-16 de XVI et 172 pp., tiré à 30 exemplaires.

3. Les Noëls de Jean Daniel, dit Maître Mitou, organiste de Saint-Maurice et chapelain de Saint-Pierre d'Angers, 1520-1530, précédés d'une étude sur sa vie et ses poésies par Henri Chardon, président de la Société d'agriculture, sciences et arts de la Sarthe, etc. *Le Mans, imprimerie Edmond Monnoyer*, 1874. In-8 de LXX et 65 pp., tiré à 50 exemplaires.

1. Les Noëls de Samson Bedouin, moine de l'abbaye de la Couture du Mans, de 1526 à 1563; précédés d'une étude sur les recueils de noëls manceaux du XVIe siècle, par Henri Chardon. *Le Mans, imprimerie Edmond Monnoyer*, 1874. In-8 de 72 pp.

Extr. du *Bulletin de la Société d'Agriculture, Sciences et Arts de la Sarthe*, tiré à 50 exemplaires.

un certain nombre de noëls de divers temps et de diverses provenances[1]. Les productions de Jehan Chaperon ont leur place marquée à côté des recueils dont nous venons de rappeler les titres ; nous les recommandons à l'indulgence des lecteurs.

1. Vieux Noëls composés en l'honneur de la naissance de Notre Seigneur Jésus-Christ. — Noëls très-anciens ; Noëls des xviie et xviiie siècles. — Pastorales ; Noëls des provinces de l'Ouest. — Musique des vieux Noëls ; Noëls divers. *Nantes, Libaros*, 1876, in-8, 3 vol. in-12. — Le nom de l'éditeur, M. Henri Lemeignen, avocat, ne se trouve qu'à la fin des avant-propos.

S'ensuyt plusieurs Noelz nouveaulx de ceste presente année, mil cinq cens xxxviii, sur plusieurs chansons nouvelles; composez par le Lassé de Repos.

Et premiérement,

On les vend a Paris en la rue neufve nostre Dame, a l'enseigne sainct Nicolas

La Table des Chansons.

Sur : *Vous perdez temps*................p. 5.
Sur : *Doulce memoire* ... . 8.
Sur : *Contentez vous, amy, de la pensée* 11
Sur : *Finy le bien*.................. 15.
Sur : *Si mon malheur m'y continue* .... 19.
Sur : *Frére Thibault* 23
Sur : *Par fin despit* .... 26.
Sur : *Les Bourguignons mirent le camp* ..... 30.
Sur : *Je vous supplie, oyez comment*
    En amour j'ay esté traicté. .... 34.
Sur : *Adieu m'amye; adieu, ma rose.* .... 37.

I

Aij   Sur : *Vous perdez temps.*

1   Vous perdez temps, hereticques infames,
    De blasonner contre la saincte Vierge;
    Chascun la sçait belle sur toutes femmes,
    Seulle sans per, de vertu la consierge.
        Votre langue perverse,   5
        Dangereuse et diverse
        D'elle a voulu mesdire,
        Mais il vous fault desdire,
    Car maulgré vous lassus est honnorée,
    Mére de Dieu et royne couronnée (*bis*).   10

2   Le roy puissant l'avoit long temps esleue
    Pour des humains porter la deslivrance;
    De nulz pechez oncques ne fut pollue;
    Cueur pur et net a eu dès son enfance.

2 *Impr.* Vieege.

Sa mére Dieu l'appelle, 15
Son espouse et ancelle,
De nous seulle conserve,
Qui nous garde et preserve,
Dont l'Ennemy ne peult sur nous ataindre,
Quant il lui plaist l'ire de Dieu estaindre (*bis*). 20

༄

3 Ung matinet, en Bethleem la ville,
Elle enfanta l'enfant trespur et monde,
Et lors la paix pour les humains utille
Fut, comme on sçait, toutes les pars du monde.
v⁰   Les pasteurs sur champaistre 25
  Faisant leurs troupeaulx paistre,
  Par les anges advertis,
  Se sont des champs partis.
Pour aller veoir ceste digne acouchée,
Mére de Dieu et royne couronnée (*bis*). 30

༄

4 Trois roys puissans avecques diligence
Se sont partis de leur terre et contrée
Et chascun d'eulx apporta grant finance
Pour presenter a la tendre rousée.

28. Se sont tous.

Herodes par despit, 35
Pour occir le petit,
Feist mourir innocens
Par miliers et par cens,
Car dolent fut d'ouïr telle nouvelle
Qu'ung roy nouveau le tiendroit en tutelle (*bis*) 40

☙

5 Pource, Françoys, chascun liéve la chére;
Noël chanter chascun de nous s'efforce;
Prions Jesus et sa mére tant chére
Nous preserver de noyse et de divorse.
  Par guerre vient follye 45
  Et par paix la jolye
  Chascun vit trescontent;
  Prince aussi [ne] content,
Administrant, ainsi qu'il est propice,
A iij A ung chascun sans faveur sa justice (*bis*). 50

---

35. Roy Herodes. — 36. l'enfant petit. — 37. les innocens. — 48. Et le prince.

Finis.

II

Aultre Noel sur : *Doulce memoire*.

1 Doulce nouvelle en la terre adnoncée
 Pour des humains oster le grief dangier,
 Envers Marie en doulceur prononcée
 Par Gabriel, gracieulx messagier,
 Qui du Seigneur, sans vouloir trop songer, 5
 Narra l'esdit par divine eloquence,
 Dont Marie eut, ung mot tout abreger,
 Craincte en son cueur, entendu la sentence;

2 Mais, sans demeure, en certaine asseurance
 Par Gabriel fut mis son noble cueur, 10
 Dont print Marie en soy rejouyssance,
 Se submectant au vueil du createur;
 Lors le Seigneur, des humains formateur,
 Aux dignes flancs de sa benigne ancelle
 Se vint logier, l'escritpt n'en est menteur, 15
 Sans luy oster ce doulx nom de pucelle.

3 Neuf moys Marie en ses flancs sans faintise
   Le Messias porta entiérement.
   Et au nefviesme, ainsi que le devise
   Le roy David, l'enfanta sans tourment ;
   Lors le adora Marie promptement
   Comme seul roy qui regist tout le monde ;
   Le bon Joseph aussi pareillement
   L'a adoré d'ung cueur parfaict et monde.

4 Lors la nouvelle aux pasteurs fut portée,
   Qui les esmeust laisser leur beste aux champs ;
   Par armonie en doulceur gringotée
   Ont faict sonner leur pastoural deschantz ;
   Bien tost après on les veit desmarchans,
   Chascun tenant s'amye ou pastourelle,
   D'ung cueur parfaict et tresjoyeulx marchans
   Pour aller veoir Marie la pucelle.

5 Par une estoille aussi trois roys notables
   Ce sont partys de leur terre en desroy
   Et l'acouchée en verité, sans fables,
   Sont venus veoir, aussi le petit roy.

Roy Herodes, remply de desarroy,
Par fin despit, ainsi comme hors de sens,
Soubz Attropos et son mortel charroy
En fist mourir grand nombre d'innocens.   40

6   Prions la belle es sainctz cieulx couronnée
    Prier son filz pour nous, povres pecheurs,
    Car elle est seulle en qui est ordonnée
    Toute vertu, maulgré tous detracteurs;
    Mais, nous monstrant de son nom amateurs, 45
    Sans varier la bonne congnoissance,
    Par son moyen nous serons detenteurs
A iiij De paradis, immortel demourance.

Amen.

38. Ainsi comme homme hors de ses sens. — 40. Un grand nombre.

III

Aultre sur : *Contentez vous, amy,*
de la pensée

1 Noel chanter chascun de nous s'efforce,
   A ce sainct temps, de cueur et de couraige
   Pour honnorer la Vierge de parage,
   Qui peult a tous donner puissance et force.

2 Par Gabriel fut porté le messaige,   5
   Selon l'esdit du roy regnant en gloire,
   Envers Marie, ainsi il le fault croyre,
   La saluant d'un *Ave* pour hommaige.

3 Marie fut du salut fort troublée,
   Car son vouloir estoit pour toute somme   10
   De son vivant [n'] approcher mortel homme,
   Pource qu'a Dieu c'estoit vierge vouée.

4 « Ne crains », dit l'ange, « ainsi il le fault faire;
   « Devant le ciel tu es de Dieu esleue
   « Pource qu'en riens on ne te voit pollue;
   « Au vueil de Dieu ne fault que tu différe;

5 « Car Dieu le filz par l'œuvre au sainct Esprit
   « Tu concepvras, la chose en est certaine,
   « Pour rachapter de mort nature humaine,
   « Ainsi comme ont les prophétes predict. »

6 — « Soit ainsi faict », respondit la pucelle,
   « Je m'y consens sans reculer arriére;
   « De ton seigneur je suis la chamberiére
   « Et a tousjours sa trespetite ancelle. »

7 Incontinent cest[e] raison finée,
   La dame lors tant humble, doulce et saincte
   Du filz de Dieu se trouva brief ensceincte,
   Dont fut au ciel grand joye demenée.

17. du sainct Esprit. — 20. les prophétes ja predict.

8 Droit a noel, la Vierge tant doulcette
   Son tressainct fruict en une povre estable   30
   Elle enfanta, la chose est veritable;
   Trouver ne peult pour lors lieu plus honneste.

9 Les pastoureaulx, advertis de l'affaire,
   Ont leurs troupeaulx laissez dessus l'herbette;
   Bergiére aussi gorgiasement se appreste   35
   Et de partir avecq eulx ne différe.

10 Robin premier donna sa chalumye
   Au bel enfant, et Thibault se appareille
   De luy donner du vin de sa bouteille;
   Chascun d'entre eulx n'eut la chére endormye. 40

11 Trois roys [venus] d'une estrange contrée,
   De noble arroy, a l'enfant de clemence
   Ont presenté grans tresors et chevance;
   Chascun d'entre eulx a largesse monstrée.

12 Prions Jesus et sa tressaincte mére
Nous preserver de dure pestilence,
Et que tousjours le doulx pays de France
Avecq le roy soit tranquille et prospére.

Amen.

IV

Bi 1 Aultre Noel nouveau sur : *Finy le bien*,
qui est la responce de : *Doulce memoire*.

1 Le createur par sa haulte puissance
Forma le ciel et chascun element,
Ausquelz donna par divine science
Forme et rondeur avecq le mouvement;
Puis le Seigneur, tant doulx, humble et clement, 5
Beste et oyseaulx en la terre et air estre,
Et les poissons en mer habondamment
Feist sans sejour avoir leur place et estre.

2 Après forma Adam le premier homme
De ses deux mains, de pechez innocent, 10
Mais par la femme il mordit en la pomme,
Dont de sa faulte il fust tost cognoissant;
Du beau vergier dont estoit jouyssant
Fust dechassé a son grant vitupére.
O quel morceau! Il rendit languissant 15
Le genre humain en douleur et misére.

3 Pour reparer la faulte perpetrée
　Fust ung debat lassus au firmament,
　Ou pour nous tous c'est devant Dieu monstrée
　Misericorde en plorant tendrement,　　　　20
　Disant : « Seigneur, je te prye humblement
　« De pardonner a ceste creature
　« Que de tes mains as faict benignement
v⁰　« Pour te servir par rayson et droicture. »

4 Tant bien parla Misericorde a l'heure　　　25
　Que le Seigneur vers nous on veit rengier,
　Et appella devers luy sans demeure
　Sainct Gabriel, son secret messagier,
　Auquel il dit que, sans plus la songer,
　Se departit pour aller vers Marie　　　　　30
　Pour luy noncer, ung mot tout abreger,
　Que d'elle ystra un filz, vray fruict de vie.

5 Le messagier n'a faicte demourance;
　Devers Marie est soubdain parvenu,
　Auquel il dit par deserte esloquence :　　35
　« Marie, entens pourquoy cy suys venu;
　« C'est mon seigneur, ung mot tout contenu,
　« Qui veulx de toy, d'un amour et bon zelle,
　« Avoir ung filz, lequel sera tenu
　« Roy trespuissant, point ne fault que le scelle. » 40

6 Quant Marie eust entendu ung tel dire,
   Elle respond humblement par accords :
   « Mon bel amy, comment pourroit produyre
   « Enfant de moy ne yssir de mon corps?
   « Impossible est, car pour final records   45
   « Vierge seray tout le temps de ma vie.
   « Ne parle plus, car ce me sont discords;
   « D'homme approcher n'eust mon corps oncq envie. »

7 « Ne t'esbahys », dit lors Gabriel l'ange,
   « Si devers toy j'ay proferé tel dit   50
   « Et qu'il te semble en toute sorte estrange
   « D'avoir enfant ainsi que j'ay predit;
   « Tu seulle doibs avoir cestuy credit
   « Et concepvras vierge sans corrompture
   « Par le moyen du benoist Esperit,   55
   « Malgré le vueil de madame Nature. »

8 « Soit faict ainsi », respondit la pucelle;
   « A ton esdit n'ay le cueur discordant;
   « Du hault Seigneur je suys petite ancelle;
   « A son vouloir veulx bien estre accordant. » 60
   Lors Dieu le filz, a cela concordant,
   C'est obumbré en la Vierge sans faincte,
   Dont a Nature on veit lebvres mordant
   Veoir une vierge estre d'ung filz enseinte.

9 Pource, seigneurs, que c'es [t] la recouvrance 65
De tous mortelz qui la veullent aymer,
Noel chantons par joyeuse accordance,
Faisant son nom toutes pars reclamer;
Confondu soit qui la vouldra blasmer,
Car, sans mentir, on n'en sçauroit mal dire. 70
Vierge de pris, vueille mon cueur armer
Contre Sathan, qui en mal trop le tire.

Finis.

V

Aultre Noel nouveau sur : *Sy mon malheur m'y continue.*

1 Noel chantons par mélodye
En ce sainct jour ou Dieu nasquist
Et puis pour nous en croix pendit,
Dont grace nous fust restablye.

2 Ung messagier vint vers Marie,
La saluant honnestement
De par le roy du firmament,
Qui la rendit toute esbahye.

3 « Doulx messagier, je te supplie,
« Narre moy cy, sans rien celler,
« Qui t'a transmis vers moy parler,
« Car d'homme nul ne suys amye. »

4 « Marie, escouste mon messaige,
   « Que m'a chargé le roy des roys,
   « C'est q'ung enfant porter tu doibs,
   « Reparateur d'humain lignaige.

5 « Le sainct Esprit par sa puissance
   « Le formera dedans ton corps,
   « Comme l'escript en faict recors;
   « En toy sera telle excellence. »

6 « Joyeuse suys de la nouvelle;
   « Soit faict ainsi que l'as predit;
   « De ton seigneur en faict et dict
   « Je veulx estre serve et ancelle. »

7 Finy le dit de la pucelle
   Et qu'elle y mist consentement,
   Le filz de Dieu divinement
   Fust incarné au sainct corps d'elle.

8 Neuf moys entiers la saincte dame
   En ses sainctz flans son fruyct porta
   Et puis sans nul mal enfanta
   Sans ayde ne secours de femme.

ک

9 Les pastoureaulx sur la couldrette
   Avecq troupeaulx faisoyent sejour,
   Lesquelz ouyrent en ce jour   35
   Une chanson grave et honneste :

10 « La gloire au ciel et paix en terre
   « Et aux hommes de volunté,
   « Qui n'ont cure de volupté
   « Ne de mouvoir contre nul guerre! »   40

ک

11 Iceulx pasteurs, sans plus attendre,
   Laissérent lors leurs brebis tous,
   Et en la ville ont pris le cours
   Pour plus avant du faict enquerre.

12 Trois nobles roys par une estoille   45
   Furent conduyctz sans fiction
   Devers la fille de Syon,
   Royne des cieulx sans sa pareille.

13 Chascun d'eulx trois lors luy donnérent
   Tresor fort digne et precieulx,   50
   Puis, congié pris du roy des cieulx,
   En leur pays tous retournérent.

ತ

v⁰ 14 Or prions donc la saincte dame
       Qu'elle supply envers son filz,
       Qui fust pour nous en croix affix,   55
       Nous preserver de tout diffame.

              Amen.   *Noel!*

VI

Aultre Noel nouveau sur : *Frére Thibault,
surnommé gros et gras, etc.*

1   Pource que Adam avoit Dieu offencé
    Par le moyen de Éve premiére femme,
    Fust a Marie un messaige annoncé
    Par Gabriel humblement sans diffame,
    En luy disant : « Ma singuliére dame,   5
    « Le roy des roys, des humains formateur,
    « De ton sainct corps de long temps amateur,
    « Aura ung filz sans nulle violence,
    « Des mal vivans supernel correcteur,
    « Des biensheureulx la parfaicte esperance » 10

2   « Comment cela », respond Marie alors ?
    « En doubte suys de si haulte nouvelle ;
    « Impossible est, car jamais de mon corps
    « Homme n'aura seigneurie ou tutelle,
    « Pource que suys et veulx estre pucelle   15

---

15. Pource je suys.

"Tout mon vivant; voylà mon seul espoir,
"Et doibt de vray le tien seigneur avoir
"La cure et soing chercher aultre acointance.
Biiij "J'ay un espoulx (l'aimer feray debvoir),
"Des biensheureulx la parfaicte esperance." 20

3 L'ange respond : "Dame, ne doubte en riens;
"Le sainct Esprit en fera l'ouverture
"Et concepvras par ses divins moyens
"Ung filz sans per d'angelicque ornature.
"Quant aura faict de tes flans ouverture, 25
"Tu ne perdras ce doulx nom de pucelle,
"Et s'y n'auras du laict en ta mamelle
"Pour alaicter la gentille jouvance
"De ton enfant (que point vers toy ne scelle)
"Des biensheureulx la parfaicte esperance." 30

4 — "Doulx messagier, selon le tien esdit
"Je me consens estre faict sans demeure",
Respond la Vierge, et lors le sainct Esprit
Du filz de Dieu ordonna le demeure.
Neuf moys porta son fruict, la chose est seure, 35
Puis l'enfanta sans douleur ny sans peine,
Ce que ne faict une aultre femme humaine,
Mais de son corps print la seulle regence
Son pére et filz du supernel domaine,
Des biensheureulx la parfaicte esperance. 40

Les pastoureaulx le vindrent adorer
En Bethleem, une ville en Judée ;
Trois roys aussi pour son nom decorer
Y sont venuz sans faire demourée,
Lesquelz presens a la Vierge honnorée
Ont presenté par grant devotion.
Or prions tous la fille de Syon
Prier son filz, tant remply de clemence,
De nous donner du ciel possession,
Des biensheureulx la parfaicte esperance.

Amen. *Noel !*

VII

Aultre Noel nouveau sur : *Par fin despit.*

1. En Bethleem, une ville en Judée,
Est pour nous nay le vray Christ salvateur,
De tous humains le seul gubernateur,
Ou un chascun doit avoir foy fondée.

2. Les pastoureaulx, faisant leurs aigneaulx pestre, 5
Ont entendu l'ange de paradis
Qui commandoit que après ouy ces dictz
Laissassent tous leurs troupeaulx sur champestre :

3. « Car le filz Dieu est nay de la pucelle;
« En Bethleem allez le visiter. » 10
Lors les pasteurs se sont pris a trotter
Jusque en la ville, entendu la nouvelle.

4 La ont trouvé en une povre estable
   Le doulx Jesus, Joseph pareillement,
   Lequel avoit le seul gouvernement
   De son espouse et compaigne amyable.

5 Le bon Robin donna sa cornemuze
Ci Au petit Dieu et Thibault, d'ung cueur net,
   Luy presenta son beau tortu cornet,
   Dequoy aulx champs passant le temps se amuse.

6 Quant les pasteurs eurent faict leur offrende,
   Une bergiére a prins la place et lieu
   Et presenta a Jesus, filz de Dieu,
   Ung beau chapeau de fueille de lavende;

7 Puis tous joyeulx congé allérent prendre
   A l'acouchée et a son filz aussi,
   Et, sans avoir chagrin, dueil et soulcy,
   A leurs troupeaulx chascun se voulut rendre.

17. cornmuze.

8 Durant ce temps, trois roys de hault parage
En leur pays apperceurent une estoille 30
Sur les aultres la plus grande et plus belle,
Qui les esmeult de partir le couraige.

9 L'estoille alloit devant comme leur guyde
Jusque au pays d'Herodes, felon roy,
Lequel voyant desdictz seigneurs l'arroy, 35
Eut tout le cueur de joye et plaisir vuyde.

10 Ce non pourtant, le faulx roy par cautelle
Et par subtil et furieulx parler
Les a enquis ou ils vouloient aller,
Pour d'eulx sçavoir la certaine nouvelle. 40

11 « Nous avons veu », dirent ilz, « en noz terres
« Ung signe grant, qui nous a demonstré
v° « Qu'en ce pays est un roy nouveau nay,
« Invitateur de paix et non de guerre. »

12 Herodes lors de ses gens les plus saiges 45
A son pallays incontinant manda
Et sur l'esdit des roys leur commanda
De Mychée visiter les passaiges ;

13 Puis aulx troys roys par faintifve priére
    Il supplia devers luy retourner,   50
    Car il vouloit, disoit il, adorer
    Ce nouveau roy et sa dame de mére;

14 Mais les bons roys furent d'ange advertis;
    Par aultre lieu prindrent chemin et erre;
    Parquoy Herode [en] esmeust la guerre   55
    Contre innocens encor d'aage petis.

15 Chanter noel chascun de nous se paine
    Pour honorer Marie et son cher filz
    Et les prier, en ung mot tout prefix,
    Nous preserver de mort orde et vilaine!   60

---

54. furent d'ung ange advertis. — 55. estmeust. — 56. d'aage trespetis.

VIII

Aultre sur le chant de : *Les Bourguignons ont mis le champ.*

1 Chantons noel a haulte voix,
　Nobles Françoys, je vous supplie,
　Pour honnorer le roy des roys;
　En joyeulx chant chascun se lye!
　Laissons toute triste omelie,　　　　　　5
Bij　Esperant paix en ses bas lieux;
　France florit cointe et jolye
　Soubz l'estandart du roy des cieulx.

2 L'imperateur regnant lassus
　Gabriel, son messagier, mande,　　　　　10
　Qui sans vouloir faire reffus
　Se presenta a sa commande :
　« Je veulx », dist le roy, « et commande
　« Que alliez la bas, sans plus targer,
　« Noncer a une dame grande　　　　　　15
　« Qu'en son hostel veuix heberger,

---

8. du roys.

3 « Car j'ordonne que mon seul filz
　« Repare tost l'offense faicte
　« Que fist Adam, quant je le mis
　« Seulet en mon jardin terreste;
　« Par trop il creust la beste infecte;
　« Du fruyct mengea contre mon vueil;
　« Encor en est toute sa secte
　« Subjecte en porter larme en l'oeil. »

4 Quant Gabriel eust entendu,
　Tout le vouloir de Dieu le pére,
　A departir n'a attendu;
　Conduyct d'une grande lumiére,
　Il vint devant la tresoriére
　D'amour, de grace et de valleur,
　En luy disant : « Doulce bergiére,
　« Salut te faitz par mon seigneur. »

5 Quant la Vierge ouyt l'esdit
　De Gabriel, fust fort troublée :
　« Regarde, amy, a ce que as dict,
　« Car j'ay virginité vouée ».

— « Ta saincteté est tant louée, »
Respond Gabriel sans sejour,
« Que tu seras seulle espousée
« De cil qui faict la nuyct et jour.   40

6 « Du sainct Esprit tu concepvras
« Ton pére et filz, seul Dieu en gloire,
« Lequel neuf moys tu porteras,
« Sans point errer, il le fault croire.
« Nature lors pour ceste hystoire   45
« En soy beaucoup s'esbahyra ;
« Mesmes sur Mort aura victoire
« Et sur les cieulx imperera. »

7 La Vierge dict sans fiction :
« De ton seigneur je suys l'ancelle, »   50
Et lors le seigneur de Syon
Engrossit la tendre pucelle,
Non pas par œuvre naturelle,
Mais par le faict du sainct Esprit,
Comme David le nous revelle   55
En son psaultier royal qu'i fist.

---

37. La saincteté. — 50. je ouys.

8 Or prions donc, nobles Françoys,
Ciij Celle pucelle en ce bas estre,
Qu'elle impétre au roy des roys,
Son filz unicque et nostre maistre,
De la hault avecq luy nous mettre
Quant nostre corps mort occira.
Noel chanter ne fault obmettre
En ce sainct jour pour Maria.

IX

Aultre Noel nouveau sur :

*Je vous supply, oyez comment
En amours je suis maltraicté.*

1 Nobles Françoys, bien haultement
Chantons noel sans nul sejour,
Car le seigneur du firmament
Est nay pour nous en ce sainct jour.
Herode en eust au cueur doulour
Tant qu'il saillit hors de son sens;
Parquoy il feist mettre a doulour
Par grant despit maintz innocens.

2 L'ange du ciel subitement
Vint a Joseph, auquel il dit :
« Va t'en, amy, bien vistement
« Hors de ce lieu sans contredit,
« Et prens Marie et son chier filz
« Et en Egypte vas grant pas,
« Car Herodes rend tous occis
« Petitz enfans, tant hault que bas.

3 Joseph sur l'asne lors assis
   Marie et son chier filz Jesus,
   Puis du pays, de sens rassis,
   Ce sont partis, eulx trois sans plus,
   Conduictz du seigneur de lassus,
   Dont Herodes cuida mourir ;
   Par ses souldars et mammelus
   A faict l'enfant par tout querir.

4 En Egypte sont parvenus,
   Sans avoir nul adversité,
   Et les boureaulx sont revenus
   Devant Herodes despité :
   « Avez vous doncq precipité
   « Tous les enfans, comme j'ay dit? »
   Respondu ont : « Pour verité,
   « Accomply est vostre intendit. »

5 Tant que Herodes mort despessa,
   En Egypte feist son sejour
   Le bon seigneur qui composa
   Après le ciel la nuyct et jour ;

---

31. precipitez.

   Miracles feist benignement
   Sur gens perclus et impotens,
   Et si monstroit publicquement
   La loy de Dieu omnipotent.   40

Biiij 6 Les faulx Juifz, plains de desarroy,
   Voyant sa grand perfection,
   Se sont souvent mis en arroy
   Leurs cueurs remplis de trahison,
   Tant qu'en la croix comme ung larron 45
   Publicquement l'ont encloué,
   Ou mort souffrit et passion,
   Entre larrons hault eslevé.

 7 Or prions le donc humblement
   Que par la mort qu'il endura   50
   Nous puissons avoir saulvement
   Quant nostre dernier jour sera
   Et quant son jugement fera.
   Vierge de pris, soys nous secours,
   Car ung chascun lors tremblera   55
   Sans attendre d'aultruy recours.

X

Aultre Noel sur : *Adieu, m'amye ; adieu ma rose.*

1   Pour honnorer la doulce rose
    Qui a porté le beau bouton
    Chascun de nous en soy compose
    En prose ou rime quelque baton
    Et le mettons sur ung doulx ton ; 5
    Qu'erreur n'y soit par nully pris,
    Car des humains c'est le canton
    A qui est deu honneur et pris.

2   De tous bergiers la passerose
    Est pour nous tous ça bas venu, 10
    Et sans elle, bien dire le ose,
    Ung plus grand mal fust advenu :
    De riens ne estoit a nous tenu,
    Non pourtant voulut [la] mort prendre
    Pour noz pechez, tout contenu, 15
    Dont en [la] croix on le vit pendre.

3 Après qu'il eust la bouche close
　Au fond d'enfer est descendu,
　Auquel l'avoient par longue pose
　Les péres sainctz la attendu;
　A chascun d'eulx il a rendu
　La liberté suyvant ses ditz,
　Et sans arrest, en ce temps deu,
　Les a menez en paradis.

Ainsi soit il de nous.

Amen!

Tout par soulas.

NOTES[1]

I

La chanson : *Vous perdez temps de me aire mal d'elle*, etc., est de Marot (voy. éd. Jannet, II, 192); le texte en a été reproduit dans un assez grand nombre de recueils, notamment dans les suivants : 1º *Le Paragon des Chansons; tiers Livre, contenant xxvj chansons* (Lyon, Jaques Moderne, 1538, in-4 obl.), fol 31 (avec une musique à quatre parties d'Arcadet) ; — 2º *Plusieurs belles Chansons nouvelles* (Paris, Alain Lotrian, 1542, pet. in-8 goth.), p. 59 de la réimpression publiée par M. Percheron chez J. Gay et fils à Ge-

---

[1]. Nous nous sommes aidé pour la rédaction de ces notes d'un ouvrage récent, que nous tenons à citer : *Bibliographie der Musik-Sammelwerke des XVI. und XVII. Jahrhunderts, im Vereine mit Frz. Xav. Haberl, Dr. A. Lagerberg und C. F. Pohl bearbeitet und herausgegeben von Robert Eitner* (Berlin, 1877, in-8).

nève, en 1867, in-16 ; — 3° *Secundus Tomus Biciniorum quae et ipsa sunt gallica, latina, germanica* (Wittembergae, apud Georgium Rhaw, 1545, in-8 obl.), n° 8 (avec une musique de Mitantier) ; — 4° *Chansons nouvellement composées sur divers chants tant de musique que rustique* (Paris, Jehan Bonfons, 1548, pet. in-8 goth.), fol. K 1 a de la réimpression publiée par Baillieu à Paris, en 1869 ; — 5° *Recueil de plusieurs Chansons* (Lyon, Benoist Rigaud et Jan Saugrain, 1557, in-16), p. 22 ; — 6° *Le Recueil de toutes sortes de Chansons* (Paris, veufve Nicolas Buffet, 1557, in-16), fol. 89 b ; — 7° *Liber musicus, duarum vocum cantiones, tum latinas, tum gallicas atque teutonicas... complectens* (Lovanii, apud Perum Phalesium, 1571, in-4 obl.), fol. 32 (mus. anonyme) ; — 8° *Recueil et Eslite de plusieurs belles Chansons... colligées des plus excellents poëtes françois par J. W[alcourt]* (Anvers, Jean Waesberge, 1576, in-12), fol. 286 a ; — 9° *Nouveau Vergier florissant des belles Chansons nouvelles* (Lyon, Benoist Rigaud, vers 1580, in-16), fol. 38 [*lis.* 39] b.

La chanson de Marot a été transformée en cantique religieux par un autre auteur, frère Legier Bon Temps :

Vous perdez temps de mespriser l'Eglise....

Voy. *Recueil des plus belles Chansons spirituelles..., par Christofle de Bourdeaux* (Paris, Magdeline Berthelin, s. d. [vers 1573], in-16), fol. 55 ; cf. Le Roux de Lincy, *Chants historiques français*, II, 608.

II

La chanson, qui sert de timbre à ce noël, est une pièce également fort connue ; c'est un huitain que nous ont conservé une foule de recueils et qui commence ainsi :

> Doulce memoire en plaisir consommée ;
> O siécle heureux qui cause tel sçavoir...

Voy. 1° *Le Paragon des Chansons ; tiers Livre contenant xxvj chansons* (Lyon, Jaques Moderne, 1538, in-4 obl.), fol. 2 (avec une musique à deux parties de François de Layolle) ; — 2° *Plusieurs belles Chansons nouvelles* (Paris, Alain Lotrian, 1542, pet. in-8 goth.), p. 4 de la réimpression ; — 3° *La Fleur de Poesie françoyse* (Paris, Alain Lotrian, 1543, pet. in-8 goth.), p. 5 de la réimpression exécutée par Mertens et fils à Bruxelles, en 1864, in-16 ; — 4° *Secundus Tomus Biciniorum, quae et ipsa sunt gallica, latina, germanica* (Wittembergae, apud Georgium Rhaw, 1545, in-8 obl.), n° 26 (mus. de Layolle) ; — 5° *Jardin musical contenant plusieurs belles fleurs de chansons a quatre parties* (Anvers, Hubert Waelrant et Jean Laet, 1556, in-4 obl.), p. 6 (mus. anonyme) ; — 6° *Recueil de plusieurs Chansons* (Lyon, Benoist Rigaud et Jan Saugrain, 1557, in-16), p. 21 ; — 7° *Variarum Linguarum Tricinia... Tomus secundus* (Noribergae, apud Joannem Montanum et Ulricum Neuberum, 1560, in-8 obl.), n° 28 (mus. de Josquin Baston) ; — 8° *Premier Livre du Recueil des Recueilz de Chansons à quatre parties, par Loys Bisson* (Paris, Nicolas du Chemin, 1567, pet. in-8 obl.), p. 7 (mus. de Sandrin); — 9° *Recueil des Fleurs produictes de la divine musique, à trois parties; second Livre* (Lovain, Pierre Phalése, 1569, in-4 obl.), fol. 11 (mus. anonyme); — 10° *Liber musicus, duarum vocum cantiones... complectens* (Lovanii, apud Petrum Phalesium, 1571, in-4 obl.), fol. 17 (mus. anonyme).

Cf. *Farce nouvelle a trois personnages : le Badin, la Femme, la Chambriére,* ap. Viollet-le-Duc, *Ancien Théâtre français,* I, 271 ; — *Comedie de la fidelité nuptiale* dans *Trois Comedies françoises de Gerard de Vivre, Gantois* (Anvers, Guislain Janssens, 1589, pet. in-8), p. 66 [*lis.* 65].

III

La chanson, qui a servi de modèle à Chaperon, est un simple quatrain ainsi conçu :

> Contentez vous, amy, de la pensée,
> Jusques a tant qu'a la peine importune
> Sera donné par heureuse fortune
> Le temps et lieu d'estre recompensé.

Voy. 1° *La Fleur de Poesie françoyse* (Paris, Alain Lotrian, 1543, pet. in-8 goth.), p. 50 de la réimpression;

— 2° *Secundus Tomus Biciniorum, quae et ipsa sunt gallica, latina, germanica* (Wittembergae, apud Georgium Rhaw, 1545, in-8 obl.), n° 10 (avec une musique à deux voix de Certon) ; — 3° *Quatriesme Livre des Chansons a quatre parties nouvellement compose*, etc. (Lovain, Pierre Phalése, 1555, in-4 obl.), p. 14 (mus. anonyme) ; — 4° *Livre de Meslanges, contenant six vingt chansons* (Paris, Le Roy et Ballard, 1560, in-4 obl.), fol. 54 (mus. à cinq voix de Gombert) ; — 5° *Liber musicus, duarum vocum cantiones... complectens* (Lovanii, apud Petrum Phalesium, 1571, in-4 obl.), p. 34 (mus. anonyme) ; — 6° *Bicinia, sive Cantiones suavissimae duarum vocum*, etc. (Antverpiae, excud. Petrus Phalesius, 1590, in-4 obl.), n° 17.

IV

La chanson *Doulce memoire*, dont nous avons parlé sous le n° II, est suivie, dans la plupart des recueils qui nous l'ont conservée, d'une réponse ou « rebours », dont voici le début :

Finy le bien, le mal soubdain commence,
Tesmoings en sont noz malheurs qu'on peult veoir...

Le dernier vers du huitain original est devenu le premier de celui-ci, qui se termine, au contraire, par les mots :

Doulce memoire, en plaisir consommée.

Voy. les recueils suivants : 1° *Le Paragon des Chansons, second Livre contenant xxxj chansons* (Lyon, Jaques Moderne, 1538, in-4 obl.), fol. 10 (mus. de Certon à quatre parties); — 2° *Second Livre contenant xxxij chansons nouvelles a quatre parties* (Paris, Pierre Attaingnant et Hubert Jullet, 1540, in-4 obl.), fol. 4 (mus. de Certon); — 3° *Plusieurs belles Chansons nouvelles* (Paris, Alain Lotrian, 1542, pet. in-8 goth.), p. 5 de la réimpression; — 4° *La Fleur de Poesie françoyse* (Paris, Alain Lotrian, 1543, pet. in-8 goth.), p. 6 de la réimpression; — 5° *Le second Livre des Chansons a quatre parties* (Anvers, Tylman Susato, 1544, in-4 obl.), fol. 6 (mus. anonyme); — 6° *Chansons nouvellement composées*, etc. (Paris, Jehan Bonfons, 1548, pet. in-8 goth.), fol. Fv a de la réimpression; — 7° *Premier Livre du recueil contenant xviij chansons anciennes à quatre parties* (Paris, Nicolas du Chemin, 1551, in-4 obl.), p. 3 ;

8° *Recueil de plusieurs Chansons* (Lyon, Benoist Rigaud et Jan Saugrain, 1557, in-16), p. 22 ; — 9° *Le Recueil de toutes sortes de Chansons* (Paris, veufve Nicolas Buffet, 1557, in-16), fol. 36 *b* ; — 10° *Recueil des Fleurs produictes de la divine musique, à trois parties ; second Livre* (Lovain, Pierre Phalése, 1569, in-4 obl.), fol. 11 (mus. anonyme); — 11° *Liber musicus, duarum vocum cantiones... complectens* (Lovanii, apud Petrum Phalesium, 1571, in-4 obl.), fol. 17 (mus. anonyme).

Hugues Salel a composé, sur le même air, un autre « rebours », dont voici le début :

Finy le bien, le mal soudain commence.
O cueur heureux, qui mect a nonchaloir

> La cruaulté, malice et inconstance
> Qu'on voit souvent au feminin vouloir...

Voy. *Œuvres de Hugues Salel* (Paris, Estiéne Roffet, s. d., in-8), fol. 55 *a*.

V

La chanson : *Sy mon malheur m'y continue*, se trouve dans les recueils suivants, avec une musique de Pelletier ou Le Pelletier : 1° *Trente et troys Chansons nouvelles en musique, a quatre parties* (Paris, Pierre Attaingnant, 1529, in-4 obl.), fol. 10 ; — 2° *Le Paragon des Chansons ; quart Livre contenant xxxij chansons* (Lyon, Jaques Moderne, 1538, in-4 obl.), fol. 12 (à deux parties) ; — 3° *Selectissimae necnon familiarissimae Cantiones ultra centum, vario idiomate* (Augustae Vindelicorum, Melchior Kriesstein excud., 1540, in-8 obl.), n° 92 (à deux voix) ; — 4° *Bicinia gallica, latina, germanica; Tomus primus* (Wittembergae, apud Georgium Rhaw, 1545, in-8 obl.), n° 9 ; — 5° *Thesauri musici Tomus quartus* (Noribergæ, excudebant Joannes Montanus et Ulricus Neuberus, 1564, in-4 obl.), p. 27.

VI

Chaperon a donné à ce noël la forme du chant royal. La chanson dont il a reproduit la mélodie est l'épigramme bien connue de Marot :

> Frére Thibault, sejourné, gros et gras,
> Tiroit de nuict une garse en chemise...

Voy. *Œuvres de Marot,* éd. Jannet, III, 21 ; Biblioth. nat., mss. franç. n° 22560, II, p. 163.

La pièce de Marot a inspiré plusieurs musiciens ; elle se trouve dans les recueils suivants : 1° *Le Paragon des Chansons; tiers Livre* (Lyon, Jaques Moderne, 1538, in-4 obl.), fol. 7 (mus. de Certon à quatre parties); — 2° *Le Paragon des Chansons; cinquiesme Livre* (Lyon, Jaques Moderne, 1538, in-4 obl.), fol. 15 (mus. de Jannequin à quatre parties); — 3° *Quart Livre contenant xxviij chansons* (Paris, Pierre Attaingnant et Hubert Jullet, 1540, in-4 obl.), fol. 1 (mus. de Certon à quatre parties); — 4° *Cinquiesme Livre contenant xxv chansons* (Paris, Pierre Attaingnant et Hubert Jullet, 1540, in-4 obl.), fol. 4 (mus. de Jannequin à quatre parties); — 5° *Le Paragon des Chansons; huitiesme Livre* (Lyon, Jaques Moderne, 1541, in-4 obl.), fol. 7 (mus. de Forestier à quatre parties) ; — 6° *Second Livre du recueil contenant xxvj chansons* (Paris, Nicolas du Chemin, 1551, in-4 obl.), p. 4 (mus. de Certon à quatre parties).

Le texte suivi par Forestier porte: *Frére Bidault.*

La leçon : *surnommé gros et gras,* donnée par notre poëte, se retrouve dans la *Fleur de Poesie françoyse* (Paris, Alain Lotrian, 1543, pet. in-8 goth.), p. 34 de la réimpression.

VII

La chanson qui sert de timbre au noël, commence ainsi :

> Par fin despit je m'en yray seulléte
> Au jolis boys, a l'umbre d'un buisson...

Voy. *Trente Chansons musicales a quatre parties nouvellement et trescorrectement imprimées* (Paris, Pierre Attaingnant, vers 1530, in-8 obl.), fol. 11 (mus. anonyme); — *Secundus Tomus Biciniorum* (Wittembergae, apud Georgium Rhaw, 1545, in-8 obl.), n° 12 (mus. anonyme); — *Liber musicus duarum vocum cantiones... complectens* (Lovanii, apud Petrum Phalesium, 1571, in-4 obl.), fol. 42 (mus. anonyme).

VIII

La chanson des *Bourguignons* se rapporte aux événements de l'année 1536; nous n'en connaissons que les deux premiers vers :

> Les Bourguignons ont mis le camp
> Devant la ville de Peronne...

D'après M. Eitner, cette pièce, ou au moins le premier couplet de cette pièce, se trouve dans le *Paragon des Chansons, quart Livre* (Lyon Jacques Moderne, 1538, in-4 obl., fol. 17), avec une musique à deux parties de Layolle, mais nous ne l'avons rencontrée dans aucun des recueils que nous avons examinés, bien qu'elle paraisse être restée longtemps populaire. Le même air fut en effet, appliqué aux pièces suivantes :

1° Chanson sur le chant : *Les Bourguignons* (vers 1540).

> Quand j'ay bien a mon cas pensé,
> D'une chose me reconforte...

Recueil de plusieurs Chansons spirituelles tant vieilles que nouvelles [*par Mathieu Malingre*] (s. l , 1555, pet. in-8), p. 146 ; — *Chansonnier huguenot*, 336.

2º Chanson nouvelle composée par un souldart faisant la centinelle sur les rempars de Metz ; et se chante sur le chant : *Les Bourguignons mirent le camp*, ou *Les regrets que j'ay de m'amye*, etc.

> Le mardi devant la Toussains
> Est arrivée la Germanie...

Recueil de toutes les sortes de Chansons nouvelles (Lyon, 1555, in-16), fol. V ij ; — *Recueil de plusieurs Chansons* (Lyon, Benoist Rigaud et Jan Saugrain, 1557, in-16), p. 183 ; — *Le Recueil de toutes sortes de Chansons* (Paris, veufve Nicolas Buffet, 1557, in-16), fol. 56 a ; — Le Roux de Lincy, *Chants historiques français*, II, 190.

3º Chanson de la bataille donnée entre Paris et Sainct-Denys la veille de la sainct Martin 1567, sur le chant : *Les Bourguignons ont mis le camp* || *Devant la ville de Peronne* (s. l., 1568, pet. in-8 de 8 ft., à la Biblioth. nat., à la biblioth. royale de Dresde, chez M. le duc d'Aumale et chez M. le comte de Lignerolles).

> La veille de la sainct Martin
> De Paris sortit grand puissance...

4º Chanson nouvelle de l'ymage Nostre-Dame qui a esté remise a la porte Sainct(e) Honoré, sur le chant :

Les Bourguignons ont mis le camp ‖ *Devant la ville de Peronne.*

Chrestiens, qui servez de bon cœur...

Recüeil de plusieurs belles Chansons spirituelles... par Christofle de Bourdeaux (Paris, Magdeline Berthelin, s. d., mais vers 1573, in-16), fol. 3 ; — Le Roux de Lincy, II, 603.

5º Cantique d'action de graces que les Sancerrois chantérent au Seigneur après la victoire du jour de l'assaut ; sur le chant : *Les Bourguignons ont mis le camp,* etc.

C'est bien raison que nous chantions
Au Dieu de nostre delivrance...

Histoire memorable de la ville de Sancerre... par Jean de Lery (s. l. [Genève], 1574, in-8), 103.

Ce cantique a été mis en néerlandais, sur le même air, par le traducteur de Jean de Lery, Pieter Sterlincx :

Den Lofsanck die de Sancerroysen den Heere songhen naer de victorie vanden voorleden storm ; op de wijse : *Les Bourguignons ont mis le champs,* ofte : *'s winters somers even groen.*

Voy. Serrure, *Vaderlandsch Museum voor nederduitsche Letterkunde, Oudheid en Geschiedenis,* V (Gent, 1863, in-8), 443.

5º Chanson nouvelle de la resjouissance des laboureurs, sur : *A qui me doy je retirer ?* ou sur : *Les Bourguignons ont mis le champ;* par N. Poncelet :

> Resjouyssez vous, laboureurs ;
> Plus n'aurez en chacun village...

Troisiesme Livre du Recueil des Chansons (Paris, Claude de Montre-Œil, 1579, in-16), fol. 15 a.

IX

Nous n'avons pu retrouver la chanson dont Chaperon s'est inspiré; nous citerons, par contre, trois pièces composées sur le même air :

1º Chanson nouvelle sur les accords faicts entre le Roy et l'Empereur; et se chante sur le chant : *Je vous supplie, oyez comment* ‖ *En amours je suis mal traicté* (1538) :

> Je vous supplie, oyez comment
> Nous devons vivre sans esmoy...

Plusieurs belles Chansons nouvelles (Paris, Alain Lotrian, 1542, pet. in-8 goth.), p. 31 de la réimpression; — *Chansons nouvellement composées* (Paris, Jehan Bonfons, 1548, pet. in-8 goth.), fol. H iiij *b* de la réimpression; — *Recueil de plusieurs Chansons* (Lyon, Benoist

Rigaud et Jan Saugrain, 1557, in-16), p. 121; — *Le Recueil de toutes sortes de Chansons* (Paris, veufve Nicolas Buffet, 1557, in-16), fol. 45 *b*.

2º Chanson nouvelle du cresson, composée par un bon compaignon; laquelle se chante sur le chant : *Je vous suplye, oyez comment.*

> Or escoutez, gentilz gallant[z],
> Tout par amour, je vous[en] prie...

Chansons nouvellement composées (Paris, Jehan Bonfons, 1548, pet. in-8 goth.), fol. E ij *b* de la réimpression; — *Recueil de plusieurs Chansons* (Lyon, Benoist Rigaud et Jan Saugrain, 1557, in-16), p. 105; — *Le Recueil de toutes sortes de Chansons* (Paris, veufve Nicolas Buffet, 1557, in-16), fol. 29 *b*; — *Le Rosier des Chansons nouvelles, tant de l'amour que de la guerre* (Lyon, s. n., 1580, in-16), fol. 53 *b*; — *La Fleur des Chansons nouvelles* (Lyon, Benoist Rigaud, 1586, in-16), p. 154 de la réimpression publiée par Techener, dans les *Joyeusetez* (1830, in-16); — *La Fleur des Chansons amoureuses* (Rouen, Adrian de Launay, 1600, in-16), p. 51 de la réimpression publiée par A. Mertens et fils à Bruxelles (1865, in-16).

3º Chanson nouvelle faicte et composée sur le chant d'amours, et se chante sur le chant : *Je vous supply, oyez comment.*

> Voulez ouyr une chanson,
> Qui fut faicte d'un amoureux?...

Chansons nouvellement composées (Paris, Jehan Bonfons, 1548, pet. in-8 goth.), fol. E iij *b* de la réimpression; — *Le Rosier des Chansons nouvelles tant de l'amour que de la guerre* (Lyon, s. n., 1580, in-16), fol. 54*b*.

X

La chanson dont Chaperon a suivi la mélodie se trouve dans les deux recueils suivants : *Plusieurs belles Chansons nouvelles* (Paris, Alain Lotrian, 1542, pet. in-8 goth.), p. 60 de la réimpression; — *Chansons nouvellement composées* (Paris, Jehan Bonfons, 1548, pet. in-8 goth.), fol. K i *a* de la réimpression; elle commence ainsi :

> Adieu, m'amye, adieu, ma rose;
> Jamais je ne vous oubliray...

Nous connaissons deux pièces qui se chantaient sur le même air :

1º Chanson nouvelle sur le trespassement de madame Isabeau, royne des Espaignes, femme de l'Empereur; sur le chant : *Adieu, m'amye, adieu, ma rose* (1539).

> Voulez vous ouyr des nouvelles
> Qu'en France avons pour le present?...

Plusieurs belles Chansons nouvelles (Paris, Alain Lotrian, 1542, pet. in-8 goth.), p. 77 de la réimpression.

2° Chanson nouvelle faicte sur les dons et presentz que l'Empereur a faicts aux dames de France; et se chante sur le chant : *Adieu, m'amye, adieu, ma rose* (1540).

>Gentils Françoys, par courtoysie
>Debvons bien Dieu remercier...

Plusieurs belles Chansons nouvelles (Paris, Alain Lotrian, 1542, pet. in-8 goth.), p. 33 de la réimpression; — *Chansons nouvellement composées* (Paris, Jehan Bonfons, 1548, pet. in-8 goth.), fol. H v *b* de la réimpression.

Glossaire.

(Les chiffres renvoient au n° d'ordre des noëls et au n° des vers.

Affix, v, 55.
Ancelle, servante, I, 16; II, 14; III, 24; IV, 59; V, 24.
Appareiller (*S'*), se disposer, III, 38.
Armonie, II, 27.
Arroy, III, 42; VII, 35.

Baton, strophe, couplet, paragraphe x, 4. Voy. le *Jardin de Plaisance*, éd. d'Olivier Amoullet, fol. 12 *b* et *passim*.

Canton, coin où l'on se met à l'abri, et, par extension, refuge, x, 7.
Chalumye, roseau, pipeau, III, 37.

Champaistre, champ, campagne, I, 25; VII, 8.
Chapeau, couronne, VII, 24.
Chére (*Lever la*) I, 41. — *Avoir la chére endormye*, III, 40.
Chevance, richesse, III, 43.
Conserve, I, 17.
Contendre, I, 48.
Corrompture, IV, 54.

Dechasser, IV, 14.
Demener joye, III, 28.
Demeure, masc., VI, 34.
Demourance, I, 48; IV, 33.
Demourée, VI, 44.
Deschantz, II, 28.
Desert, disert, IV, 35.
Desroy, II, 34.
Diffame, v, 56; VI, 4.

Divers, e, trompeur, I, 6.
Doubter, redouter, craindre, VI, 21.
Doulour, IX, 5, 7.

Engrossir, VIII, 52.
Erre, VII, 54.
Esperit, IV, 55.
Estre, demeure, IV, 8.

Faintif, feint, VII, 49.
Finer, III, 25.

Gorgiasement, coquettement, III, 35.
Gringoté, II, 27.
Gubernateur, VII, 3.

Habondamment, IV, 7.

Imperer, VIII, 48.
Infinitif absolu, II, 7 ; IV, 31.
Intendit, IX, 32.
Yssir, sortir, IV, 44 ; *ystra*, IV, 32.

Jouvance, jeunesse, VI, 28.

Lassus, là-haut, I, 9 ; IV, 18.
Lever la chiére, I, 41.
Lyer, VIII, 4.

Mammelus, IX, 23.

Nay, né, VII, 2, 43 ; IX, 4.
Noyse, I, 44.
Noncer, annoncer, VIII, 15.

Obumbrer (S'), IV, 62.
Omelie, VIII, 5.
Ord, sale, VII, 60.
Ornature, beauté, VI, 24.

Parage, III, 3.
Partir, (Se), I, 28, 32 ; II, 34.
Pastoural, II, 28.
Pestre, paître, VII, 5.
Pollu, souillé, I, 13, III, 15.
Prefix, VII, 59.

Rachapter, III, 19.
Reclamer, résonner, IV, 68.
Recors, mémoire, V, 19.
Rousée, I, 34.

Sceller, céler, cacher, IV, 40 ; VI, 29.
Supernel, VI, 39.

Targer, VIII, 14.
Terreste, VIII, 20.

Vitupére, IV, 14.

Table des Noms.

Les noms cités par Chaperon sont imprimés en italiques. — Les chiffres renvoient aux pages.)

Adam, 15, 23, 31.
Alsinoys (le comte d'), *xvj*.
Amasonne, *x*.
Attaingnant (Pierre), 44-47.
Attropos, 10.
Aumale (le duc d'), 48.

Baillieu, *xij*.
Ballard, 42.
Ballin, *vij*.
Barthier (Arthus), *xij*.
Baston (Josquin), 42.
Bedouin (Samson), *xvj*.
Belin (Christophe de), *xj*.
Berthelin (Magdeline), 40, 49.
Bethleem, 2, 25, 26.
Bidault (Frére), 46.
Bonfons (Jehan), *xij*, 40, 44, 50, 52, 53.

Bon Temps (Frére Legier), 40.
Buffet (Vᵉ Nicolas), 40, 48, 51.
Bourdeaux (Christofle de), 40, 49.

Castiglione (Balthasar de), *xv*.
Certon, 44, 46.
Chaperon (Arnould), *vij*.
Chaperon (Frére), *vij*.
Chaperon (Jehan), 1.
Chaperon (Louis), *vij*.
Chapperon, *vij*.
Chardon (Henri), *xvj*.
Christ (Le), 26.
Clinchamp (M. de), *xvj*.
Colin (Jacques), *xv*.
Creüsa, *x*.

Daniel (Jean), *xvj*

David, 9, 32.
Deiphile, x.
Denisot (Nicolas), *xvj.*
De Vivre (Gerard), 42.
Du Bellay (Martin), *xij.*
Du Chemin (Nicolas), 42, 44, 46.
Du Pallais (Mlle), *viij.*
Du Verdier, *xv.*

Egypte, 34, 35.
Eitner (Robert), 39.
Éve, 23.

Forestier, 46.
France, 14, 30.
Françoys (les), 7, 30, 33, 34

Gabriel, 8, 11, 16, 17, 23, 30-32.
Gay (J.) et fils, *xij.*
Gombert, 42.
Gonnesse, xj.
Groulleau (Estienne), *xiv.*

Habert (Fr. X.), 39.
Herodes, 7, 10, 28, 29, 34, 35.
Hesdin, *xj, xij.*
Hipolite, x.

Jannequin, 46.
Jannet (P.), 39.
Janssens (Guislain), 42.
Jesus, 7, 14, 27, 35.
Joseph, 9, 27, 34, 35.
Judée, 25, 26.
Juifz (Les), 36.
Jullet (Hubert), 44, 46.

Kriesstein (Melchior), 45.

Laet (Jean), 41.
Lagerberg (A.), 39.
Lahure.
Lamphetou, x.
Lanier (A.), *xvj.*
Lassé (Le) de repos, 1.
Launay (Adrian de), 51.
Layolle (François de), 41, 47.
Le Févre (Nicolle), x.
Le Megissier (Martin), *vij.*
Lemeignen (Henri), *xvj.*
Le Moigne (Lucas), *xvj.*
Le Pelletier, 45.
Lery (Jean de), 49.
Le Roy et Ballard, 42.
Le Roux de Lincy, 40, 48.
Lignerolles (le comte de), 48.
Longis (Jehan), *xv.*
Lotrian (Alain), *xij,* 39, 41, 43, 44, 46, 50, 52, 53.

Malingre (Mathieu), 48.
Maria, 33.
Marie, 8, 9, 11, 16, 17, 19, 23, 29, 34, 35.
Marot (Clement), x, 39.
Menelape, x.
Mertens et fils, 41, 51.
Messias (le), 9.
Mychée, 28.
Misericorde, 16.
Mitou (maistre), *xvj.*
Moderne (Jacques), 39, 41, 44-46.
Monnoyer (Edmond), *xvj.*
Montaiglon (A. de), *vij, ix.*

Montanus (Joannes), 42, 45.
Montre-Œil (Claude de), 50.

Neuberus (Ulricus), 42, 45.

Panthasillée, x.

Pelletier, 45.
Percheron, *xij.*
Phalése (Pierre), 40, 42-44, 47.
Picard (Eustache), xj.
Pichon (le baron J.), *xvj.*
Pise (Cristine de), xiv.
Plat (le) d'argent, *xvj.*
Pohl (C. F.), 39.
Poncelet (N.), 50.
Potiers, xj.

Rhau (George), 40, 41, 43, 45, 47.
Rigaud (Benoist), 40, 41, 44, 48, 51.
Robin, 13, 27.
Roffet (Estiéne), 45.
Rothschild (le baron J. de) *vij, ix.*

Salel (Hugues), 44.
Sandrin, 42.
Sathan, 18.
Saugrain (Jan), 40, 41, 44, 48, 51.
Sergent (Pierre), *ix, xiij.*
Serrure, 49.
Sertenas (Vincent), *xv.*
Silvestre, *ix.*
Syon, 25, 32.
Sireulde, *vij.*
Sterlincx (Pieter), 49.
Susato (Tylman), 44.

Talestra, x.
Techener, 51.
Thibault, berger, 12, 24.
Thibault (Frére), 23, 45.

Veinant, *ix.*
Viollet-le-Duc, 42.

Waelrant (Hubert), 41.
Waesberge (Jean), 40.
Walcourt (J.), 40.

Table des Chansons citées.

(Le premier vers des noëls de Chaperon est imprimé en italiques Les chiffres renvoient aux pages.)

	Pages.
Adieu, m'amye, adieu, ma rose.	37, 52
C'est bien raison que nous chantions.	49
Chantons noel a haulte voix.	30
Chrestiens, qui servez de bon cœur.	49
Contentez vous, amy, de la pensée.	11, 42
Doulce memoire en plaisir consommée.	8, 15, 41
Doulce nouvelle en la terre adnoncée.	8
En Bethleem, une ville en Judée.	26
Finy le bien, le mal soubdain commence.	
O cueur heureux, qui mect a nonchaloir.	44
Finy le bien, le mal soubdain commence,	
Tesmoings en sont noz malheurs qu'on peult veoir.	15, 43
Frére Thibault, sejourné, gros et gras.	23, 45
Gentils Françoys, par courtoysie.	53
Hedin fut assaillie	xij
Je vous supply, oyez comment	
En amours je suis maltraicté.	34. 50

	Pages.
Je vous supplie, oyez comment	
Nous devons vivre sans esmoy.	50
La veille de la Sainct Martin	48
Le createur par sa haulte puissance.	15
Le mardi devant la Toussains.	48
Les Bourguignons ont mis le camp	47
Nobles Françoys, bien haultement	34
Noel chanter chascun de nous s'efforce	11
Noel chantons par melodye	19
Or escoutez, gentilz gallant[z]	51
Par fin despit je m'en iray seulléte.	46
Pour ce que Adam avoit Dieu offencé.	23
Pour honorer la doulce rose.	37
Quand j'ay bien a mon cas pensé.	47
Resjouyssez vous, laboureurs.	50
Sy mon malheur m'y continue	19
Voulez ouyr une chanson.	51
Voulez vous ouyr des nouvelles.	52
Vous perdez temps de me dire mal d'elle.	5, 39
Vous perdez temps de mespriser l'Eglise.	40
Vous perdez temps, hereticques infames.	5

Paris. — Typ. G. Chamerot, rue des Saints-Pères, 19. — 7265.

NOTICE

SUR

JEHAN CHAPONNEAU

Docteur de l'Église réformée,

Metteur en scène du Mystère des Actes des Apôtres, joué à Bourges, en 1536

PAR ÉMILE PICOT

Petit in-12, broché . . . . 1 fr.

M. Picot, qui travaille depuis plusieurs années à un *Répertoire bibliographique et critique du Théâtre français avant la Renaissance*, a eu l'occasion de découvrir un assez grand nombre de pièces inédites ou de documents inconnus qui jettent un jour nouveau sur les origines de la scène française. Comme son *Répertoire* ne doit pas contenir les textes eux-mêmes et que les notices y seront forcément succinctes, il a eu la pensée de faire paraître, comme l'annonce et le complément de cet ouvrage, une série de petites monographies formant chacune un tout complet et pouvant être réunies en collection. L'opuscule que nous publions aujourd'hui est le premier spécimen de cette publication. L'auteur compte le faire suivre d'un recueil de farces françaises qui vient d'être découvert dans une bibliothèque de l'étranger et du théâtre protestant de Pierre du Val, réformateur rouennais, qui mérite d'être tiré de l'oubli, du théâtre de Jacques Bienvenu, de Genève, etc. Ces divers volumes seront imprimés dans le même format et avec les mêmes caractères.

Paris. — Typ. G. Chamerot, 19, rue des Sts-Pères. — 7265.

www.ingramcontent.com/pod-product-compliance
Lightning Source LLC
LaVergne TN
LVHW020944090426
835512LV00009B/1700